Denise Gmyrek

Der Stellenwert der Kommunikation und dessen Störfaktoren nach Paul Watzlawick

GRIN Verlag

Bibliografische Information der Deutschen Nationalbibliothek:

Die Deutsche Bibliothek verzeichnet diese Publikation in der Deutschen Nationalbibliografie; detaillierte bibliografische Daten sind im Internet über http://dnb.d-nb.de/ abrufbar.

Impressum:

Druck und Bindung: Books on Demand GmbH, Norderstedt Germany
ISBN: 978-3-656-31286-4

Dieses Buch bei GRIN:

http://www.grin.com/de/e-book/189137/der-stellenwert-der-kommunikation-und-dessen-stoerfaktoren-nach-paul-watzlawick

Hochschule Anhalt (FH)
FB 2 Wirtschaft
Sommersemester 2010
Fach: Medien-und Methodenkompetenz

Der Stellenwert der Kommunikation und dessen Störfaktoren nach Paul Watzlawick

Denise Gmyrek

2.Semester Bachelor BWL

Abgabedatum: 08.07. 2010

Inhaltsverzeichnis

1. Einleitung

Da die Kommunikation ein völlig alltägliches und doch faszinierendes Instrument ist, welches jeder Mensch und jedes Lebewesen regelmäßig und unbewusst nutzt, habe ich mich dafür als Thema meiner Hausarbeit entschieden.

In dieser Ausarbeitung möchte ich die Wichtigkeit der Kommunikation im Allgemeinen, die Arten der Kommunikation und die 5 Axiome nach Paul Watzlawick analysieren.

Beobachtet man das tägliche Geschehen auf der Straße so bemerkt man oft Menschen, die im Gespräch vertieft sind, Menschen die sich durch ein Lächeln verständigen oder den Autofahrer, der wie wild hupt, weil der Vordermann nicht bemerkt, dass die Ampel bereits auf Grün geschaltet hat. Diese und viele andere Situationen zwischen Menschen gehören bereits zur Kommunikation.

Auch Zuhause begegnet uns die Kommunikation ständig, auch wenn dies nicht immer angenehm zu sein scheint wie zum Beispiel der lautstarke Streit der Nachbarn, der durch das ganze Wohnhaus zu dröhnen scheint. Oftmals begibt man sich selbst in die Situation, mit dem Gesprächspartner kommunikativ so „aus der Fuge" zu geraten, dass ein Streit entsteht, bei dem die Ursache des Missverständnisses nicht klar ist. In vielen Fällen handelt es sich beim Streit mehr um versehentliche Missverständnisse als um ernsthafte Gründe.

Um den Fehler, der ein Missverständnis verursacht hat, aufspüren zu können, sollte man die einzelnen Funktionen der Kommunikation genauer betrachten. So gibt es in der Kommunikation einen Sender einer Information und einen Empfänger der Information. Störfaktoren, die eine Verständigung erschweren oder gar so stark beeinflussen können,dass die Nachricht beim Empfänger missverständlich ankommt, können schon banale Dinge sein wie die Lautstärke der Umgebung oder das undeutliche Sprechen des Senders.

Der Sender, der dem Empfänger eine Nachricht zukommen lassen will, codiert diese. Trifft die Nachricht beim Empfänger ein und decodiert dieser die Information fehlerhaft, so besteht Gefahr, dass der Empfänger eine Nachricht erhält, die vom Sender ursprünglich einen ganz anderen Sinn hatte. Somit kommt es zu einem Fehler in der Kommunikation. Der Störfaktor in diesem Fall wäre dann, dass entweder der Sender die Information nicht korrekt codiert „verschickt" hat (in diesem Fall sagt man oft, man habe sich „falsch ausgedrückt") oder dass der Empfänger die Information fehlerhaft decodiert hat und er die Nachricht ganz anders versteht als der Sender es vorgesehen hat.

Paul Watzlawick, ein bekannter Kommunikationswissenschaftler, beschäftigte sich mit diesem Thema und erstellte daher einen Katalog in dem er Regeln festlegte, die einen reibungslosen Ablauf der Kommunikation gewährleisten, sofern man diese beachtet. Er selbst nannte sie „Die 5 pragmatischen Axiome". Er betont, dass es sich bei diesen Regeln lediglich um "provisorische Formulierungen, die weder Anspruch auf Vollständigkeit noch auf Endgültigkeit haben"[1] handelt. Paul Watzlawick betrachtete eine Kommunikation zweier Gesprächspartner nicht anhand der Beziehung, die diese miteinander verknüpfte, sondern lediglich das Gespräch an sich und untersuchte, an welchen „Schnittstellen" die Quelle für den Störfaktor lag, der das Missverstehen ausgelöst hat.

Um die Axiome von Watzlawick verstehen zu können, werde ich im folgenden zunächst auf die begrifflichen Grundlagen eingehen, im Anschluss die einzelnen Axiome näher beschreiben und anhand von Beispielen versuchen sie verständlich zu machen.

Im letzten Kapitel möchte ich eine Zusammenfassung über dieses Thema verfassen und ein paar abschließende Worte bilden, bevor dann am Schluss die Quellenangabe folgt.

---

1 vgl. P. Watzlawick, S. 50

2. Definition des Kommunikationsbegriffes

Kommunikation lässt sich vielseitig definieren, jedoch beschreibt jede Definition für sich die Kommunikation am Ende als ein und denselben Prozess.

„Verbindung, Verständigung als Empfangen oder Geben von Informationen; heute allgemein die zwischenmenschliche Verständigung durch Signale, Symbole, Sprache, Bild usw. (Kommunikationsmittel). Als Massenkommunikationsmittel oder Massenmedien bezeichnet man heute neben Druck und Bild allgemein: Film, Funk und Fernsehen".[2]

Kommunikation lässt sich jedoch auch kurz und einfach definieren als:

„Verständigung untereinander".[3]

2.1 Stellenwert der Kommunikation in der Gesellschaft

Die Kommunikation begegnet uns täglich. Sie dient der Verständigung zwischen Menschen und hat somit höchste Priorität. Angenommen, die Kommunikation würde nicht stattfinden. Man könnte sich auf keinster Weise mit den Menschen im sozialen Umfeld verständigen.

Ein Säugling, auch wenn es nicht in der Lage ist verständlich verbal zu kommunizieren, verständigt es sich trotzdem über Laute und macht so auf sich aufmerksam. So wissen die Eltern, dass wenn das Kind lacht alles in Ordnung zu sein scheint, und wenn es weint, ein Bedürfnis zu befriedigen ist. Näher betrachtet scheint Kommunikation eine Art angeborener Sinn zu sein, denn selbst Neugeborene kommunizieren obwohl sie bisher nicht die Möglichkeit hatten die Kommunikation zu erlernen.

Manche Menschen kommen auf die Welt ohne Sehen, Hören oder Sprechen zu können aufgrund eines Gendefektes oder einer Krankheit, welche diese Arten zu kommunizieren leider verhindert. Dennoch können auch diese Menschen sich verständigen. Sei es durch Gebärdensprache bei Stummen oder Geräusche und Signaltöne für Blinde die sich im Alltagsverkehr zurechtfinden müssen. Bei dem Schriftverkehr, welcher auch eine Form der Kommunikation ist, hilft die Blindenschrift, die sogenannte *Brailleschrift*. Diese besondere Schriftart wurde 1825 von Louis Braille entwickelt um Blinden Menschen, die entweder blind geboren wurden oder durch einen Unfall oder eine Krankheit ihr Augenlicht verloren haben, das Lesen zu ermöglichen. Auch gibt es besondere Schreibmaschinen, die den Blinden ermöglichen Briefe in der Brailleschrift zu verfassen um dich ebenfalls schriftlich verständigen zu können.

2 Wilhelm Hehlmann 1965, S. 305f

3 Drosdowski, Köster, Müller und Scholze-Stubenrecht 1982, S.407

2.2 Arten der Kommunikation

Man unterscheidet bei den Kommunikationsarten zwischen verbal (Verständigung mit Worten), nonverbal (Verständigung ohne Worte) und visuell (bildliche Verständigung).

Im Folgenden erläutere ich die Kommunikationsarten:

Sprache:

Die Sprache ist die mit Abstand wichtigste Kommunikationsform des Menschen. Sie wird akustisch, oder visuell räumlich (z. B. durch Gebärdensprache) realisiert. Die Sprache verfügt über einen Wortschatz und eine Grammatik, welche die Wörter in Beziehung zueinander setzt. Über das Instrument der Sprache, also die Stimme, kann der Sender seinen Aussagen besonderen Nachdruck verleihen und dem Empfänger so bewusst und gezielter verständlich machen, welches Ziel er verfolgt mit seiner Information.

"Sprache ist eine ausschließlich dem Menschen eigene, nicht im Instinkt wurzelnde Methode zur Übermittlung von Gedanken, Gefühlen und Wünschen mittels eines Systems von frei geschaffenen Symbolen ".[4]

Zum Beispiel:

Es ist bekannt, dass wenn eine Nachricht vom Sender falsch „codiert" beim Empfänger ankommt, oft Missverständnisse entstehen und sich dann ein Streit entwickeln kann.

So sagt man, man habe sich „im Ton vergriffen", oder „der Ton macht die Musik". Denn es ist wichtig, wo man den Schwerpunkt, die Betonung in einer Aussage, platziert.

Dies lässt sich anhand der folgenden Beispielsätze erklären. Das Wort, auf dem die Betonung liegt, werde ich kursiv formatieren, um es deutlich zu machen.

„Du verstehst mich *nicht*!"- Gesprächspartner B

Vermutlich hat Gesprächspartner A vorher behauptet, Gesprächspartner B zu verstehen. Dieser jedoch lehnt es ab, indem er betont, dass er eben *nicht* verstanden wird.

Legen wir die Betonung also auf einen anderen Satzteil:

„Du verstehst *mich* nicht!" - Gesprächspartner A

Nun könnte man davon ausgehen, dass Gesprächspartner B vorher sagte, dass Gesprächspartner A ihn nicht versteht, daraufhin betont sein Gegenüber, dass *er* nicht verstanden wird.

---

4 John Lyons, 4. Auflage, 1992, S. 13

Ein weiteres Beispiel:

„Kommst *du* heute zu Besuch?“

Ein Gesprächspartner fragt seinen Gegenüber, ob dieser denn zu Besuch erscheint. Man kann davon ausgehen, dass eventuell andere vorher abgesagt haben und er sich damit absichern will, ob die gefragte Person denn erscheint.

Legen wir die Betonung nun auf einen anderen Satzteil, so bekommt der Sinn des Satzes wieder eine etwas andere Bedeutung:

„Kommst du *heute* zu Besuch?“

Bei dieser Aussage sieht man deutlich, dass der Gastgeber sich erkundigt, ob der gefragte am heutigen oder an einem anderen Tag erscheint.

Man sieht, dass die Betonung bei der sprachlichen Kommunikation eine große Rolle spielt und es schnell passieren kann, dass eine Information aufgrund einer fehlerhaften Betonung bei dem Empfänger anders ankommen kann. Es handelt sich also um ein fast unverzichtbares Werkzeug der Kommunikation, welches oftmals aber auch zum Störfaktor werden kann. In der heutigen Zeit ist Englisch eine Weltsprache. Schon im Kindergarten wird Englisch gelehrt, da man im Alltag oft mit dieser Sprache in Berührung kommt und ein Verzicht auf das Erlernen der Sprache schier unmöglich ist. Für den Störfaktor, dass zwei Menschen, die unterschiedliche Muttersprachen sprechen sich trotzdem verstehen können, gibt es mittlerweile Sprachcomputer oder Dolmetscher, die die Übersetzung von einer in die jeweils andere Sprache ermöglichen bzw. erleichtern.

Gestik:

Gestik im Sinne von kommunikativen Bewegungen insbesondere der Arme, Hände und des Kopfes wird als lautspracheersetzende Form der Kommunikation bezeichnet. Gestiken zählen zur nonverbalen Kommunikation und können ebenso ergänzend zur Sprache genutzt werden um eine Aussage besonders zu unterstreichen oder die Sprache ersetzen.

Mimik:

Als Mimik, oder auch anders „Mienenspiel“, werden die sichtbaren Bewegungen der Gesichtsoberfläche bezeichnet. Mit Hilfe der Mimik ist es dem Menschen möglich seine Emotionen auszudrücken. Zieht er die Mundwinkel nach unten, so ist davon auszugehen,dass er traurig ist oder ihm etwas nicht gefällt. Das Hochziehen der Augenbrauen wird empfunden, als sei ein Mensch überrascht bzw. erstaunt. Somit dient die Mimik auch ergänzend zur Sprache als Ausdrucksmittel.

Schrift:

Die Schrift ist ein gesamtes System aus zusammengesetzten Zeichen. Dabei gibt es Sprachen, die ihre eigenen Zeichen haben, wie zum Beispiel die chinesische/japanische Schrift. Die Schrift ist ebenfalls eine Art eine Information zu codieren. Menschen, die die Sprache nicht erlernt haben oder deren Muttersprache eine andere ist, werden einen anderen Menschen aus einem anderen Land auch nicht verstehen, vorausgesetzt dieser beherrscht die Sprache des anderen. In diesem Fall liegt also wieder ein Störfaktor vor, da beide ohne die Beherrschung der jeweils anderen Fremdsprache nicht eigenständig kommunizieren können. Dies gilt sowohl für die schriftliche, als auch für die sprachliche Verständigung. So ist ein Brief in einer anderen Sprache für einen Menschen, der diese Sprache nicht erlernt hat, nicht zu „decodieren"

Bild:

Die bildliche Kommunikation wird auch als visuelle Kommunikation bezeichnet. In der Kommunikationswissenschaft bedeutet dies: „Bilder sind visuelle Zeichen zur Übermittlung von Bedeutungen, entweder durch eine symbolische Bildersprache wie Piktogramme oder Icons oder durch Gestik."[5]

---

5 http://wiki.infowiss.net/Kommunikation#Sprache

2.3 Funktionsweise des Kommunikationsprozesses und mögliche Störfaktoren

Kommunikation ist die Bezeichnung für jeglichen Informationsaustausch zwischen Menschen. Man spricht auch von interpersoneller Kommunikation.

Die Kommunikation zwischen zwei Menschen benötigt einen Sender, also einen Menschen der eine Information senden will und einen Empfänger. Der Empfänger ist dann die Person, die die Information erhalten soll.

Um die Information versenden zu können, muss der Sender sie „codieren", also verschlüsseln. Dies geschieht entweder in Form eines Briefes oder in Form der Sprache. Voraussetzung für das Verständnis ist an dieser Stelle, dass der Empfänger die gleiche Sprache spricht wie der Sender bzw. dass jeweils einer von beiden die jeweilige Muttersprache des anderen sprechen kann oder im besten Fall eine Sprache wie Englisch, die international verstanden wird, spricht. Nur so ist es möglich die Information fehlerfrei zu verstehen.

Sendet der Sender die Information korrekt codiert ab, so dass der Empfänger sie verstehen könnte, heißt es noch nicht, dass er sie auch richtig versteht. Folgende Störfaktoren können auftreten:

– der Empfänger versteht den Inhalt der Nachricht anders, als der Sender es beabsichtigt hat

– bei der sprachlichen Kommunikation betont der Sender fehlerhaft und vermittelt dadurch eine andere Information

Bei der sprachlichen Übertragung ist es auch wichtig, dass das Umfeld eine fehlerfreie Kommunikation zulässt. Unterhalten sich zum Beispiel 2 Personen in der Nähe einer Baustelle oder in einer Diskothek, so ist es eher wahrscheinlich,dass die Lautstärke ein massiver Störfaktor ist und Fehler in der Kommunikation provoziert. Zum Einen versteht der Sender den Empfänger eventuell falsch oder umgekehrt, zum Anderen muss der Empfänger vermutlich öfter nachfragen, was der Sender ihm vermitteln wollte.

2.4 Der Systembegriff nach Paul Watzlawick

Die Grundlage für die im folgenden beschriebene Kommunikationstheorie nach Paul Watzlawick ist es notwendig, den Begriff „System" zu erläutern.

Ein System bezeichnet einen "ganzheitlichen, regelhaft strukturierten Zusammenhang von Einzelheiten, Dingen oder Vorgängen, der entweder in der Natur gegeben oder von Menschen hergestellt ist". [6]

Watzlawick beschreibt zwischenmenschliche Systeme als Mit-anderen-Personen-kommunizierende-Personen, die ein Teilsystem eines größeren Systems darstellen, das aus vielen Teilsystemen besteht. Die Relevanz der Ganzheitlichkeit wird dadurch deutlich, dass jeder Teil eines Systems mit den anderen Teilen so verbunden ist, dass eine Änderung in einem Teil eine Änderung in allen Teilen und damit im ganzen System verursacht. [7] Das bedeutet, dass das Verhalten des Einen einen Einfluss auf das Verhalten eines Anderen hat und somit dessen verhalten ebenso beeinflusst. Es entsteht die Annahme, dass zwischen Menschen eine Art Kreislauf in der Kommunikation stattfindet.[8]

6 Brockhaus Lexikon, Band 18, S. 56

7 Paul Watzlawick, S. 119

8 S. Bachmair, S. 97

3. Die 5 pragmatischen Axiome der Kommunikation

Im Folgenden erläutere und erkläre ich die 5 Axiome der Kommunikation, die Paul Watzlawick 1969 als Regeln für einen reibungslosen Informationsaustausch formuliert und in einem Katalog zusammengestellt hat.
Mit Hilfe dieser in den Kapiteln 3.1 bis 3.5 genannten Axiome gelingt es, die Kommunikation genauer zu analysieren und so Störfaktoren zu finden und die „Schnittstellen“, an denen die „Fehler“ sich in den Informationsaustausch eingeschlichen haben, zu beheben. Watzlawick nennt diese Regeln "pragmatische Axiome" und betont, dass es sich bei diesen lediglich um "provisorische Formulierungen handelt, die weder Anspruch auf Vollständigkeit noch auf Endgültigkeit" haben.[9]

3.1 „Man kann nicht *nicht* kommunizieren!“

Das "Material" jeglicher Kommunikation sind nicht nur Worte, sondern auch alle paralinguistischen Phänomene, wie zum Beispiel der Tonfall, die Schnelligkeit oder Langsamkeit der Sprache, Pausen beim Sprechen, auch Lachen oder Seufzen gehören dazu; außerdem stellen alle nonverbalen Aspekte, wie die Körperhaltung und Körpersprache einer Person, kurz: Verhalten jeder Art, Kommunikation dar. Folglich hat Verhalten auch kein Gegenteil, d.h. man sich nicht *nicht* verhalten. Sowohl Handeln als auch Nicht-Handeln, Reden oder Schweigen, alles hat Mitteilungscharakter und ist somit Kommunikation.

Wenn eine Frau beim Blickkontakt mit einer anderen Person den Blick zum Boden senkt und teilnahmslos blickt, so will sie vermutlich nicht angesprochen werden. Sie äußert sich in diesem Moment nicht verbal, aber ihre Körpersprache drückt aus, dass sie nicht gewillt ist angesprochen zu werden. Schon in diesem Moment kommuniziert sie unbewusst denn andere Menschen werden ihre gesendeten „Signale“ verstehen und die dann nicht ansprechen.

Störungen ergeben sich, wenn der Versuch gemacht wird, sich aus zwischenmenschlichen Auseinandersetzungen herauszuhalten, d. h. wenn der Wunsch besteht, die jeder Kommunikation innewohnende Stellungnahme zu vermeiden.[10]
Abweisung kann erfolgen, indem der Empfänger deutlich sagt, dass er nicht an einem Gespräch interessiert ist, welches zwar deutlich ist, allerdings jede Menge Mut erfordert und dann eine peinliche Stille hervorruft, was zu einer nonverbalen Kommunikation führt, die ebenfalls trotzdem eine Art ist, sich zu verständigen. Eine Abweisung erfolgt ebenfalls, wenn der Empfänger das Thema wechseln möchte und nur in unvollständigen Sätzen spricht. So vermittelt er dem Sender auch,dass kein Interesse an dem Gespräch besteht.

9 Paul Watzlawick, S. 50
10 Paul Watzlawick, S. 74

3.2 „Jede Kommunikation hat einen Inhalts- und einen Beziehungsaspekt, wobei Letzterer den Ersteren bestimmt."

Jede Kommunikation enthält über die reine Sachinformation (Inhaltsaspekt) hinaus einen Hinweis, wie der Sender seine Botschaft verstanden haben will und wie er seine Beziehung zum Empfänger (Beziehungsaspekt) sieht.[11] Der Inhaltsaspekt beschreibt also das „WAS" in einer Nachricht und der Beziehungsaspekt beschreibt übermittelt, wie der Sender verstanden werden möchte. Zum Beispiel werden über den Beziehungsaspekt Emotionen übermittelt. Also spielt der Beziehungsaspekt eine große Rolle, wie der Inhalt zu interpretieren ist.

Die Art der Beziehung, die die beiden Kommunikationspartner zueinander haben ist für ein gegenseitiges Verständnis von hoher Priorität. Kennen sich zwei Menschen nur oberflächlich, ohne je über privates gesprochen zu haben, werden sie sich nicht verstehen, wenn einer von beiden plötzlich anfängt von damaligen Geschichten zu erzählen. Da die andere Person keinerlei Informationen aus vorherigen Zeiten kennt, kann die Person weder Zusammenhänge erkennen, noch mitreden. In diesem Punkt kann die Kommunikation nicht reibungslos funktionieren.

11 http://de.wikipedia.org/wiki/Paul_Watzlawick

3.3 „Die Natur einer Beziehung ist durch die Interpunktion der Kommunikationsabläufe seitens der Partner bedingt."

Der Kommunikationsablauf zwischen zwei Gesprächspartnern ist von Sender und Empfänger jeweils unterschiedlich gegliedert. Beide interpretieren ihr Verhalten oft als Reaktion auf das Verhalten des anderen.[12] Dem einen wird von dem anderen die Schuld für eine Reaktion praktisch „zugeschoben". So ist es zum Beispiel bei einem Streit der Fall, dass jeder sagt, dass der andere Schuld sei, dass es zum Missverständnis und somit zum Streit kam.

Gelingende Kommunikation findet demnach statt, wenn beide Teilnehmer Ursache und Wirkung in den gleichen Punkten einsehen und die Kommunikation als Regelkreis verstehen. Kommunikation misslingt, wenn die Partner an unterschiedlichen Stellen in der Kommunikation einen Einschnitt machen und behaupten, dass an „genau dieser" Stelle der Streit begonnen hat, da jeder einen anderen Faktor als ausschlaggebend hält.

Ein Beispiel hierfür findet sich bei Watzlawick[13]: A schreibt B einen Brief, in dem er B zu einer gemeinsamen Unternehmung einlädt. B sagt schriftlich zu, doch sein Brief geht bei der Zustellung verloren. Nach einiger Zeit des Wartens auf Antwort, kommt A zu dem Schluss, dass B seine Einladung ignoriert und beschließt, nun seinerseits B zu ignorieren. B hingegen fühlt sich gekränkt, dass A seine Zusage ignoriert und beschließt, keine Verbindung mehr zu A aufzunehmen. Diese stillschweigenden Unterstellungen würden solange fortgeführt, bis einer der beiden beginnt, über die Briefe zu metakommunikativen, bis einer anfängt nachzuforschen, wo die wirkliche "Ursache" der Streitigkeiten liegt, nämlich im Verlorengegangensein des Antwortbriefes. Im Idealfall würden A und B feststellen, dass beide widersprüchliche Annahmen hinsichtlich dessen, was Ursache und was Wirkung des Konflikts war, hatten und die eigenen verschiedenen Interpunktionen desselben Kommunikationskreislaufs zum Konflikt führten.

12 http://de.wikipedia.org/wiki/Paul_Watzlawick
13 Vgl. P. Watzlawick, S. 92

3.4 „Menschliche Kommunikation bedient sich analoger und digitaler Modalitäten.“

Nicht nur die Sprache oder die Schrift teilen Informationen mit. Auch die nonverbalen Mittel wie Lächeln, Zwinkern etc. sorgen dafür, dass Informationen beim Empfänger ankommen. Dabei wird die Beziehungsebene oft über den analogen Weg vermittelt währenddessen die Inhaltsebene über den digitalen Weg geschieht.[14] Digitale Kommunikation ist gegeben, wenn der Inhalt der Mitteilung in Zeichen verschlüsselt ist, die klar entschlüsselt werden können (in Form von Buchstaben, Zahlen, Sprache). Die gegenständliche und / oder begriffliche Bedeutung sind eindeutig. Digitales Mitteilungsmaterial ist komplex, abstrakt und vielseitig. [15]

Die Kommunikation gelingt, wenn die analoge und die digitale Botschaft übereinstimmen und wenn beide Teilnehmer beide Teile der Botschaft auf die selbe Art und Weise interpretieren. Bei Nichtübereinstimmung oder bei Unklarheiten oder dann, wenn eine der beiden Botschaften anders interpretiert werden, misslingt die Kommunikation. Stimmen die analoge und die digitale Botschaft überein, so sind die kongruent. Besondere Probleme können entstehen,wenn eine Botschaft zwei- oder mehrdeutig zu verstehen ist und der Empfänger nicht weiß, wie er sie nun zu interpretieren hat bzw. ist es dann schwieriger, dass der Empfänger die selbe Interpretation einer Botschaft trifft, die der Sender beabsichtigt hat.

3.5 „Zwischenmenschliche Kommunikationsabläufe sind entweder symmetrisch oder komplementär.“

Beziehungen zwischen Partnern basieren entweder auf Gleichheit oder auf Unterschiedlichkeit. In komplementären Beziehungen ergänzen sich unterschiedliche Verhaltensweisen und bestimmen den Interaktionsprozess. Die Beziehungsgrundlage besteht hierbei in der Unterschiedlichkeit der Partner. Häufig drückt sich diese Unterschiedlichkeit in einer Unterordnung aus, d.h. der eine hat die Oberhand über den anderen. Eine symmetrische Beziehungsform zeichnet sich dadurch aus, dass die Partner sich bemühen, Ungleichheiten untereinander zu minimieren (Streben nach Gleichheit). [16]

Watzlawick benennt zwei Stile von Kommunikationsbeziehungen: die symmetrische und die komplementäre Interaktion. In der symmetrischen Interaktion ist das Verhalten der Partner zueinander spiegelbildlich und auf Gleichheit beruhend, in Form von Ebenbürtigkeit. Das Streben nach Gleichheit und die Verminderung von Unterschiedlichkeit zwischen den Partnern sind Zeichen für diese Art der Interaktion. Die komplementäre Kommunikationsbeziehung hingegen beruht auf Unterschiedlichkeit, das Verhalten des einen Partners ergänzt das den anderen. Dadurch wird der Kommunikationsablauf bestimmt. Es gibt hierbei zwei verschiedene Positionen: Ein Partner übernimmt die sogenannte superiore, primäre Stellung ein, der andere entsprechend die inferiore, sekundäre.[17]

In einer stabilen symmetrischen Beziehung sind beide Partner imstande, den anderen, wie er ist, zu akzeptieren. Dies führt zu gegenseitigem Vertrauen in den Respekt des anderen und zu einer realistischen gegenseitigen Bestätigung der Ich Du-Definition.[18] Eine symmetrische Eskalation liegt dann vor, wenn die Tendenz zu mehr als gleicher Gleichheit besteht. Die Beziehung verliert damit ihre Stabilität.

14 http://de.wikipedia.org/wiki/Paul_Watzlawick

15 Daniela Bröske, zu: Paul Watzlawick, Menschliche Kommunikation - Formen und Störungen, Studienarbeit SS99, Seite 18

16 http://de.wikipedia.org/wiki/Paul_Watzlawick

17 vgl.Paul Watzlawick, S. 69

18 Vgl. Paul Watzlawik, S. 104

4. Zusammenfassung und Schlusswort

Ich hoffe,dass es mir gelungen ist in dieser Ausarbeitung meines Referats „Der Stellenwert der Kommunikation und dessen Störfaktoren nach Paul Watzlawick“ deutlich zu machen, wie wichtig die Kommunikation im Leben ist. Dank der Axiome nach Paul Watzlawick ist jeder Mensch im Stande Missverständnisse in der Kommunikation zu erkennen und lösen zu können. Oftmals wird der Regelkatalog Watzlawicks nicht beachtet.

Die Folge sind frustrierende Erlebnisse in Alltagsgesprächen. Ich hatte mich für dieses Thema entschieden, weil ich bereits vermutete, dass die Kommunikation ein sehr breites Spektrum an Beispielen hat. Und tatsächlich fielen mir bei der Ausarbeitung oft Beispiele aus der eigenen Erfahrung ein, welche ich nach und nach mit eingebaut habe. Allein die Tatsache, dass *jede* Art von Begegnung auch eine Kommunikation ist, hat bewusst gemacht, dass es wichtig ist auf die Regeln zu achten um besser zu verstehen wie der gegenüber eine Nachricht versteht anstatt nur an seine eigenen Bedürfnisse und Wünsche zu denken, denn man kann nicht davon ausgehen, dass der Gesprächspartner auf Anhieb versteht, was man ihm sagen möchte. Zu oft kommen Informationen missverständlich rüber (fehlerhaft codiert bzw. decodiert). Erst im Nachhinein erscheinen Lösungen für bereits lang vergangene Probleme dank des Regelkataloges. Es fällt leichter, die Kommunikation zu verstehen und zu deuten.

Dank des Referates wird es mir in Zukunft auch im Beruf leichter fallen, die Kommunikation zu deuten und zu verstehen.

5. Literaturverzeichnis

- Bachmair, Sabine et al.: Beraten will gelernt sein (Weinheim: Beltz Psychologie Verlags Union, 6. Auflage, 1996

- Dtv Brockhaus Lexikon in 20 Bänden (Mannheim, 1989)

- Watzlawick, Paul et al.: Menschliche Kommunikation. Formen, Störungen, Paradoxien. (Toronto: Verlag Hans Huber, 9. Auflage, 1996)

- Daniela Bröske, zu: Paul Watzlawick, Menschliche Kommunikation-Formen und Störungen, Studienarbeit SS99

- www.Wikipedia.org

- Drosdowski, G., Köster, R., Müller, W. & Scholze-Stubenrecht, W. (1982). Duden. Das Fremdwörterbuch. Mannheim: Bibliographisches Institut

- Hehlmann, W. (1965). Wörterbuch der Psychologie. Stuttgart: Kröner.

- John Lyons, 4. Auflage, 1992, S. 13

- wiki.infowiss.net